Aya Kaneko

*a*nuance

スタイリスト
金子 綾
〝こなれニュアンス〟のつくり方

CONTENTS

4　　**PROLOGUE**

16　　**Chapter_01**

旬×ベーシックで、女らしく〝こなれニュアンス〟

THE BEST

58　　**Chapter_02**

〝こなれニュアンス〟はこうしてつくる

WARDROBE

76　　**Chapter_03**

〝こなれニュアンス〟は細部に宿る

DETAIL

90　　**Chapter_04**

FROM AYASTAGRAM!

SNAP! EVERYDAY

116　　**HAWAII STYLE**

120　　**Favorite Shops**

122　　**Talk about My Life**

124　　**EPILOGUE**

PROLOGUE:

私らしさってたぶんこういうこと

金子 綾の〝こなれニュアンス〟とは…

「金子さんの口ぐせは〝ニュアンス〟だね」とよく言われます。
普通の服を、自分らしく今っぽいニュアンスで
着こなせているかどうか。服を目立たせるおしゃれじゃなくて、
〝普通の服なのにおしゃれなニュアンス〟がいつだって私の理想です。
〝ニュアンス〟という言葉は、
雰囲気というか、あんばいというか、言葉で言い切りづらい
適度な余韻のようなものを伝えたいときに使います。
普通の服をただ普通に着るだけではだめ。
自分らしくものにすることができて、
初めておしゃれな〝ニュアンス〟は漂うものな気がします。
私は好きなものがはっきりしているので、
いろんな服をたくさん着るわけではありません。
似合うものを着て、洗練された印象に見えるのならそれで十分。
もちろん新しいものが気になるし、トライしたい気持ちは
強くもっています。でもトレンドは飛びつくのではなくて、
吟味した上で自分に似合うものだけを似合うかたちで取り入れる。
好きなものはずっと同じでも、
似合うものは年齢や環境とともに変わっていくもの。
好きだから変えないのではなくて、
似合うようにアップデートしていくことが大事なんだと思います。
そういう試行錯誤を繰り返すうちに、
テイストミックスや配色の私なりのルールができました。
そしてそれを、〝こなれている〟なんて言ってくれる人がいたりもして…。
「好き」を「似合う」にしようとする気持ち、
トレンドを自分らしく取り入れようとする探究心が、
〝こなれニュアンス〟を生むことにつながるのかもしれません。
何年もかけてかたちづくられてきたマイスタイル。
きっと、この先もずっと私の軸となっていくものたちです。

季節が変わっても、
場所が変わっても、
普通の服が好き。

ベーシックな服は、自分らしい味つけをする余地がある。好きなように合わせられるし、あしらえる。意外なものを合わせても受けとめてくれる懐の深さもある。そして、飽きずに長く着られる。私が着たいように着られるのが、普通の服を好きな理由。

(right page)
knit:GALERIE VIE
pants:BEAUTY&YOUTH UNITED ARROWS
hat:BLUE WORK / TOMORROWLAND
belt:used
bag:HERMÈS
watch:Cartier

(left page)
knit:CÉLINE
pants:AG for Theory
bag:en shalla
shoes:Christian Louboutin
sunglasses:Ray-Ban

基本カジュアル、but
どこにでも行ける服。

〝コンサバできれいめ〟がずっと好き。より自分らしく着こなしたいと考えるうちにカジュアルがミックスされていって、私のスタイルになったんだと思う。今はほとんどカジュアルがベース。でも、いつだれとでも会えて、どこへでも行けるという自由がほしいからきれいめマインドも忘れない。カジュアルとコンサバ、どちらかだけじゃつまらない、あまのじゃくな私らしいスタイルだと思う。

jacket:journal standard luxe
camisole:FUMIKA_UCHIDA
denim:SOSO PHLANNEL / BLOOM&BRANCH
bag:HERMÈS
shoes:MANOLO BLAHNIK

肌の見え方ひとつ、大事な要素。
いつだって、女でありたい。

ポインテッドトウパンプスだったり、肌見せだったり、女らしい色気のある着こなしが好き。どうして好きなのかと聞かれると、だって女っぽいからと答えてしまう。女であることが好き。どんなに考えてもそこに理由はなくて…本能なんです。

knit:Whim Gazette
denim:used Levi's
belt:Santa Monica
bag:ANTEPRIMA
shoes:Christian Louboutin

blouson:used adidas
knit:MACPHEE
skirt:Luftrobe
bag:CHANEL
shoes:PRADA

MIX=ぶっこむ。

その意外性が
〝こなれニュアンス〟を連れてくる。

普通の服を普通に着るだけではつまらない、もっと自分らしく引き寄せたい。心引かれたものはトライしたい。食わず嫌いはもったいない。意外性のあるものを思いきってぶっこんで、みることで着こなしの幅が広がることもある。おしゃれへの好奇心は尽きません。

blouson:TOPSHOP
one piece:YOKO CHAN
cap:Ron Herman
bag:GALERIE VIE
shoes:BOEMOS

自分に似合うもの。

それが私の好きなもの。

どんなに流行っていても違うと思ったら潔くスルー。似合うものしか着ない。ほとんど無意識のうちにジャッジしています。すべてのトレンドに乗らなくたって、旬のおしゃれはできるから。

blouson:Luftrobe
cut&sewn:JOURNAL STANDARD
skirt:GAP
bag:CHANEL
socks:Wolford
shoes:Christian Louboutin

Chapter
01

旬×ベーシックで、女らしく〝こなれニュアンス〟。

Oggiで3年続く連載では、そのときどきの旬をまといながら色あせないように、という
セオリーを凝縮してきたつもり。シンプルで媚びないのに女っぽい、〝こなれニュアンス〟6つのヒント。

色にこだわりぬく

いろんな種類の服を着るわけではないからこそ、色にはこだわる。
微妙なグラデーションで、大胆な配色で、普通の服はおしゃれな服に変わるから。

BLACK TONE

黒は私のベーシック。黒ベースならトレンドを試せるし、黒で締めるから得意のミックスが活きる。信頼してやまない色。

ツヤのある薄手ニットに落ち感のあるハーフパンツ、素朴なかごバッグ。黒×黒は素材感の違いで

茶目っ気たっぷりのサロペットはモノトーンの定番力あってこそ。ゆるめの白シャツや
シャープな小物を合わせることで、キレよく女らしく着られるのです。

(right page)上：フラットシューズを履くようになって黒の使用頻度がさらに増えました。トラッドなローファーも私はクールに履きたくて。カリッと見せるには黒の力に頼るのが確実です。下：カットソーにスリッポンというエフォートレスな合わせはブラックトーンでシックに引き締めてこそ。カジュアルをモードに昇華させてくれる黒の魅力は、毎日ヒールを履いていたときは気づかなかったことのひとつ。スニーカーでラクしたい気持ちから、黒がより好きになったとも言えるかもしれません(笑)。
(left page)黒×ネイビーのダークトーンも好きな配色。オールブラックよりもややノーブル。だから足元はビーサンで遊びたくなってしまうんです。

20

上品フレンチな服も甘くお利口さんに着ないのが私なりのルール。柄×柄で攻め要素を足してみたり、わざとカーディガンのボタンをずらして変化をつけて。シルバーアクセも辛口な引き締めポイント。

BLACK TONE

これ見よがしではない、品のあるスタイルが好き。カジュアルなロゴTこそモノトーンで、揺れるスカートと女らしく着たい。バックスタイルでさりげなく、っていうのもニクイ♥♥

EARTH TONE

アースカラーは男性的で、女らしさとは相反する色。
それがかえって、媚びない色気を引き立ててくれる気がする。ミックススタイルに欠かせません。

(right page)まろやかなワントーン配色にすると、狙った感のないさりげない女らしさが漂う。女っぽすぎず、カジュアルすぎず、エレガントすぎず、グレイッシュトーンはちょうどよく中間というか、着る人の個性がにじみ出る配色だと思う。
(left page)落ち感のきれいなワイドパンツを、レタードボストンやコンバースで少しボーイッシュに着くずして。グレイッシュな曖昧カラーでつなぐことで統一感が生み出される。

(right page)ベーシックなVネックカーディガンを素肌に一枚で着ると、途端に色っぽさが漂う。この潔くシンプルで飾り気のない女らしさがすごく好き。私の中では定番の着方だから、ソックス×サンダルで旬のフレーバーを足して。
(left page)右上：土っぽいブラウンは大人の女性が着ると実はツヤっぽい。ほんの少しボヘミアン方向に振ると力が抜けてちょうどいい。サーマルトップスにHERMÈSのバングルというギャップも、さりげなく奥行きをつくってくれる。左上：ブラウントーンはドライな色味に徹する。カジュアルになりすぎないリッチな配色だと思う。下：おばあちゃんみたいな渋い配色。ニットスカート、ウールコート、スエードパンプスといろんな素材で盛り上げて秋冬らしさを楽しみます。

EARTH TONE

スモーキーブラウンにグレイッシュカーキ、くすみカラーを黒で締めたドライな配色にカゴバッグで愛嬌を足して。秋冬にカゴバッグをもつのが好きなんです。読者人気が高かったスタイル。

EARTH TONE

なんともいえないクラウディグレーの発色が美しいショートブーツから発想したコーディネート。夏にブーツとか、ウールコートなのにノースリーブとか、そういうギャップのあるものに惹かれます。

SKIN TONE

まろやかでやわらかい。まるで人間性までそうなのではと思わせてしまう大人の女性らしい配色。甘く仕上げないのが金子流。

(right page)ニュアンスカラーにメリハリをつけずワントーンでつないでいくのが好き。スキンベージュからココアベージュのグラデーションに、キャラメルブラウンのクラッチがアクセント。赤み少なめ、黄みによったトーンにそろえたから統一感が出ています。リブやレザーの風合いなど、素材感も大事な要素。淡い配色は繊細なのです。

(left page)右上：イージーパンツをヌーディなベージュトーンで肌になじませて。上品さがもち味のスキントーン、カジュアルアイテムを一気に大人顔に見せてくれるから不思議。左上：ゆるニットをレザーショートパンツでキュッと締めて。曖昧カラーでつくるカジュアルは、サイジングで緩急をつけたい。下：ニットにレザーパンツという素材感の変化もトーンを合わせることで難なくクリア。ハードな素材こそ、女性らしさが全面に出るスキントーンでしなやかに着こなして。

31　a nuance_chapter1_**THE BEST**

(right page)上：ペールピンクは顔から遠いボトムで取り入れるのが正解。ダスティベージュ、アッシュグレーと、あえて締め色なしでなじませれば自然につながる。下：スニーカーは潔く、白ベースか黒ベースのものと決めています。スポーティカジュアルを目指したいわけではなくて、上品シンプルのハズし役だから。このときは大人めグレージュワントーンにアイキャッチ的に加えて。

(left page)こんなお茶目なミックス感が好き。スエットセットアップはミルクみたいな真っ白さが新鮮で、コーヒーブラウンを足したくなって。表情豊かなファーのジレでリラックス×リッチの科学反応を楽しんで。

(right page)右：オールホワイトが決まると最高にかっこいい。大人にこそ似合うと思うから、今後年齢を重ねていく中でトライしたいおしゃれのひとつ。このときはパンチの効いたスニーカーをさらりと取り入れるなら…と考えて、モードな真っ白カジュアルに。左：ひとつひとつはシンプルなアイテムでも、白に統一するとどことなくモード。いつものカジュアルも色を削ぎ落とすことで鮮度アップ。(left page)ALEXAが振り向いた瞬間の透けるヘアがドラマティックで、強く印象に残っている一枚。白ベースをキャンバスに見立てるように、個性ある黒小物をちりばめて。ワイヤーバッグもコンチョ付きブレスレットも、度々登場する私のスタイリングにおける名脇役。

34

きれいめパンツが基本(ベース)となる

もうずっとずっと私はパンツ派。鉄板は足首が見えるクロップドパンツ。どんなアイテムとも合わせやすいその懐の深さに惚れこんでいます。

(right page)鮮やかカラーはボトムで取り入れる、そして黒で締める。熟したベリーピンクにセクシーなレースパンプスで上半身とギャップをつけてみたら、なんだかフェミニンさが際立って。
(left page)ピンストライプパンツは堅苦しくならないようにピンクシャツとテープベルトでカジュアルダウン。このふたつのコーディネート、どちらもピンクがポイント。きれいめパンツの存在感と、かわいげのあるピンクをミックスするのがどうやら好きみたい。

(right page)右：アームウォーマーをベーシックスタイルにさらりと加えて。小物で遊ぶときも、定番グレーパンツとなら安心感がある。左：ドット柄ニットでかわいさを、パテントバッグとポインテッドトウパンプスで女らしさを、ニット帽でカジュアルをミックス。タックパンツにさまざまなテイストを盛り込んで立体的な着こなしが完成。全体のカラートーンをそろえるのはマスト。

(left page)右：いつもはヒール派だけれどこんな〝ソックス×つっかけ〟も遊び心があってチャーミング。左：レザーとウールの切り替えという主張のあるブルゾンをアイシーグレーパンツで涼しげにかっこよく。首元、手首、足首に肌見せポイントをつくってさりげなく女らしい、そんなあんばいが理想的。

38

デニムなしの人生なんて!

03

デニム世代とでも言うべきか、10代のころからいいデニムをたくさんはいてきた。普段着であり、おしゃれ着でもある、最愛ボトム。

デニムの絶妙なサイズ感やすその無造作な折り返し、ニットのそでやすそのたるみ、チラリと見えるパール。…細部にまでストイックにこだわってこそ、〝シンプルなのにこなれたニュアンス〟が生まれるもの。ほんの少しの違いが洗練度を左右するのです。

オーバーサイズニットと無駄のないスキニーデニムの"ゆる×ピタッ"バランスが、女っぽさを引き出すのにひと役買って。王道カジュアルのハズし役としてニット帽やレタードトートを合わせると、より大人の余裕が漂う気がします。

41　a nuance_chapter1_**THE BEST**

42

(right page)右上：デニムの切りっぱなしのすそを折り返してちらっと肌見せ。少しでも抜け感をつくりたくて。左上：アーバンボヘミアンは着慣れたデニムでお試し。タイトなVネックカットソーと甲浅パンプスで私らしく女らしさはキープ。右下：黒タートルにデニムという永遠のベーシックコーディネートは、サスペンダーやソックスで更新。左下：こちらもド定番サックスブルーシャツ×色落ちデニム。ワントーンでつなぎ、フレンチ小物で盛り上げると洗練された表情に。

(left page)上：存在感あるレースのロングガウンにはきれいめインディゴストレートが落ち着きます。ライダースがハードな分、レース×バレエシューズがいい感じにラフで女らしく見せてくれる。中：締め色を使わない淡いワントーン。ウォッシュのきいたダメージデニムとロングトレンチであくまで甘く着ないのが金子流。下：ボーイッシュなリーバイス501は"腰ではく"サイズを選ぶ。そのダボッと感がかえって女らしいと思うのです。究極ベーシックなデニムだから大胆な背中開きニットも楽しめる。

43　a nuance_chapter1_THE BEST

04

テイストMIXでこなれる

ファッションにおける〝ギャップ〟はいつだって魅力的。私が変化球を投げ込むのは、ベースとなる女っぽいスタイルを引き立てるため。「いつもの服が見違える」と「こなれて見える」は意外と近い気がするのです。

SPORTY

〝スポーティっぽいもの〟ではなくて本気のスポーツブランドを小道具的に投入。そのやんちゃな感じ、大人がするからこそ様になる。

(right page)シャープなスタイルにインパクトロゴTを差し込む意外性がワクワクします。スポーティミックスは、ダークトーンのペンシルシルエットをベースにするのがマイルール。
(left page)右上：昔から、エレガントなワンピースにごつめウォッチ、みたいなテイストミックスが大好き。真っ黒のG-SHOCKが淡いピンクをもこなれた表情に導いてくれる。左上：スポーティアイテムは一点投入するだけで一気に上級なイメージにしてくれるからクセになる。下：大きめリュックとサンダルでベーシックシャツを着くずして。カジュアルテイストにエレガントなシルクスカーフというミックス感も重要なハズし要素。

45 a nuance_chapter1_**THE BEST**

HANDSOME

大人の女性がセットアップスーツを
着ているのって文句なしにかっこいい。
カジュアル要素をプラスして
気負わず普段から楽しみます。

細身シルエットのセットア
ップパンツスーツは、クル
ーネックロゴTとニット帽
でボーイッシュカジュアル
に振ってみて。このギャッ
プに、定番スーツの楽しみ
方を知り尽くした"余裕"が
漂う気がするんです。

上：繊細なレースキャミ×レザーキャップのミックス感をまとめているのがハンサムな黒テーラード。下：マイクロミニの抜け感をレギンスとボリュームローファーでつないで。きちんとした印象のライトグレーはこれくらい遊びたくなる。

TRAD

〝色気〟と〝上品トラッド〟のミックス。
無駄に要素を増やさず、
服や小物の魅力を最大限活かして。

オールブラック×レオパード柄キャップでモードカジュアル…で終わらせず、トラッドなトレンチや
レザーバッグできれいめムードをまとわせて。キャップはハットと同じ要領で目深にかぶるのが正解。

レースインナーとヌーディサンダル、目を奪われる美女アイテムを引き立てるのは端正なチェスターとベーシックな
チノパン。テイストミックスが生み出すギャップは、シンプルな着こなしをドラマティックにしてくれる。

足元は、いつだって〝女〟である

高いヒールの靴はまさしく女の特権！
素足にパンプス、一生ブレない私のアイデンティティ。

(right page)色っぽさもかっこよさも醸し出すポインテッドトゥにすらりと細いピンヒール。美しい曲線、個性あるデザイン。ルブタンの靴は、私が追い求める"大人の女のたたずまい。そのもの。(left page)フェミニンなスカートには大ぶりアクセサリーや辛口クラッチ、アンクルストラップサンダルでスパイシーさを足す。そのほうがかえって媚びて見えない。

(right page)右：オーソドックスなルブタンをパーティだけでなく、自由に、デイリーに楽しみたい。ソックス合わせはかつては考えられなかったけれど、寒さ対策にちょうどいい(笑)。パンプスの楽しみ方を広げてくれました。左：ペンシルパンツからちらりと肌をのぞかせて女っぽさを忘れずに。
(left page)私のコーディネートはヒールの靴を履くことで完成します。どんなに服がカジュアルでも一気に女らしくなるからやめられない。中でも艶やかなパテントのヌーディベージュは究極の女らしさの象徴。大好きだから、きっとおばあちゃんになっても履き続けていると思う。

靴とバッグは一生愛せるかどうか

祖母や母が何十年も使い続けている姿を見ているからかもしれません。
バッグも靴も、おばあちゃんになっても使い続けている姿が
想像できるものしか買いたくないんです。

06

(right page)〝色気〟と〝強さ〟が両立する靴に惹かれます。服はとことんシンプルでいい。靴とネイル、末端が女らしいことが私にとって重要なんです。(left page) HERMÈSのスカーフバッグもきっとこれからもずっと好きなもの。カジュアルでいて上品、他にはない絶妙な存在感。年齢を重ねるごとにどうやってコーディネートしていこうか、おしゃれの創造力を刺激してくれます。

3　2　　　　　　　　　　　　　　　　1

20年後も30年後も
身につけている姿が
思い描けている
私の愛用品

最愛の
靴&バッグ

5　　　　　　　4

8　7　　　　　　　6

11 10   9

14 13   12

15

1 MANOLO BLAHNIK：黒とベージュも持っているストラップサンダル。この手のデザインはたくさんあるけれど華奢さが別格。**2 HERMÈS**：ダークネイビーのボリードはハワイで奇跡的に出会って仲間入り。**3 Christian Louboutin**：足元に最高に色っぽい抜けをつくってくれるヌーディポインテッド。**4 LOUIS VUITTON**：母から譲り受けたスピーディ。このくったっとなじむレザーの持ち手は、40年使い続けたからこその"味"。**5 VALENTINO**：まさに"色っぽくて強い"が両立している靴。安定感があって歩きやすいところも好き。**6 Gianvito Rossi**：ピープトゥブーティの辛口な存在感が好き。いくつか持っている中でもこの曖昧カーキが本当に使える。なじませても、アクセントにしても、なんだかこなれた印象に。**7 BALENCIAGA**：私の中ではITブランドではなくてベーシック。女性的でありつつのソリッド感が唯一無二。**8 CONVERCE**：スニーカーを愛する日がくるなんて自分でも意外でしたが、このよさにオールスターが気づかせてくれました。なじみのいいベージュが登場率高め。**9 TOD'S**：媚びのないマットブラック。特に妊娠中、このマニッシュさに助けられました。**10 Christian Louboutin**：ベルベットのようなパープルスエード。甲浅でセクシーで、履くだけで気分が一瞬で上がる。**11 CHANEL**：チェーンバッグは絶対に廃れない。永遠ですね。おばあちゃんになっても使うことを想像して今からワクワク♥ **12 Deuxième Classe**：冬にカゴバッグを持つのが好き。このあまのじゃくな性格もきっとおばあちゃんになっても変わらない(笑)。**13 MANOLO BLAHNIK**：脚を長く華奢に見せてくれるカッティングが絶品。シックな黒は一生手放せません。**14 HERMÈS**：私のワードローブに溶け込んでくれたベビーブルーのバーキン。カジュアルにも映える35cmサイズ。**15 HERMÈS**：いつかはと思っていた一足。ロングブーツはほとんど履かないけれどこれは別。末永く大切に履こうと思います。

nuance_chapter1_**THE BEST**

Chapter
02

〝こなれニュアンス〟はこうしてつくる

WARD ROBE

ベーシックアイテムを2パターンに着回すなら…オール私服で見せるコーディネートのつくり方。〝私らしさ〟は日々こうして生み出している。

WARDROBE No_**01**
CENTER PRESSED PANTS
【 センタープレスパンツ 】

technique:**A**

白多めモノトーンなら程よくあか抜ける

クリーンな仕事着をイメージしてジャケットコートにマニッシュ靴を選択。そこにロンTやリュックでカジュアルな抜けをつくっていく。マニッシュな服にボーイズ小物は相性がいいのでちょっとしたハズしによく使う方法。テイストをミックスしても、ホワイト多めにまとめることで大人っぽくきれいめな印象になる。

pants:Theory　　coat:GALERIE VIE　　tops:Hanes　　backpack:American Apparel　　shoes:TOD'S

そのラインの美しさに信頼しきりのTheoryのグレーパンツは、私の中ではカジュアルの受けとめ役。スニーカーやフラット靴を履くようになってから出番がぐんと増えたので、ド定番でありながら新定番みたいな存在なんです。

(technique:**B**)

小物でツヤを足した大人のカジュアル

カジュアルすぎる着こなしに抵抗があるので、意外かもしれませんがボーダーにデニムというコーディネートはほぼしません。ボーダーにこそ、きれいめパンツが活きる。首元・手首・足首を出して抜けよくすることと、ゴールドアクセやスカーフバッグでツヤ感をプラスするのがマイルール。

pants:Theory　tops:Miller　bag:HERMÈS　shoes:CONVERSE
bangle:TOMORROWLAND　watch:Cartie

WARDROBE No_02

WHITE SHIRT
【 ホワイトシャツ 】

technique: A

真逆な存在感の服をミックスする楽しさ

白シャツにサロペットの組み合わせは大好物。正統派シャツに
やんちゃなつなぎ、正反対なイメージのものを掛け合わせてみ
ると、意外にも大人ならではの余裕が生まれる気がしませんか？
こういう自由な発想はファッションの醍醐味。仕上げにポイン
テッドトゥパンプスと小粒パールで女らしく寄せて。

shirts:L'Appartement DEUXIÈME CLASSE　salopette:LES PRAIRIES DE PARIS
bag:BALENCIAGA　shoes:MANOLO BLAHNIK　pearl:vintage

ボタンを2つ3つ開けて肌見せ気味に。もう何年も前から白シャツはこの着方。シャツの中で体が泳ぐ感じとか、まくり上げたそでのラフなニュアンスが好きなので、一枚で着ることに意味がある。重ね着はほぼしません。

technique:B

白シャツはNotコンサバに着るのが素敵

ミモレスカートが流行って白シャツの登場回数が増えました。どことなくほっこりしそうなスカートには、色気のある白シャツを合わせたくなるんです。〝先生〟っぽく見えないようにキャップと辛サンダルで微調整。そういえば、白シャツはタイトスカートなどコンサバなボトムとはほぼ合わせません。

shirts:L'Appartement DEUXIÈME CLASSE　skirt:BEAUTY&YOUTH UNITED ARROWS
cap:J.Crew　bag&shoes:ZARA　bangle:Sheta

WARDROBE No_03

V-NECK KNIT
【 Vネックニット 】

technique:A

モノトーンはバランスを変えると見違える

黒ニットに白パンツというだれもがする定番の組み合わせも、股上深めのゆるパンツにチェンジしてウエストをキュッと絞ると、なんだか新鮮に見える。着慣れたモノトーンは新しいバランスにトライして着こなしの幅を広げていきたいもの。NIKEのザック×マノロのサンダルも真逆を合わせる遊び心。

knit:JOHN SMEDLEY　pants:DRIES VAN NOTEN　belt:Broe&Co./Journal Standard
bag:NIKE　shoes:MANOLO BLAHNIK

Vネックニットはもう単純に女っぽいから好き。一枚で着られるギリギリまで深く開いたものを探して、このJOHN SMEDLEYにたどり着きました。グレーとブラックの両方を持っています。まさしく永遠の定番アイテム。

(technique:B)

カラーパンツは黒で締めて女度を上げる

カラーパンツには必ずといっていいほど黒トップスを合わせます。カジュアルに転びがちなところを黒でエレガントに引き寄せるイメージ。さらにカラーミックスとなれば、Vネックニットの定番力あってこそ。黒で統一したキャスケットとバレエシューズで、フレンチ風味の肩の力が抜けた空気感に。

knit:JOHN SMEDLEY　pants:used　camisole:ott-tricot　casket:CHANEL　bag:HERMÈS　shoes:Repetto

WARDROBE No_04
TURTLE NECK KNIT
【 タートルネックニット 】

アーストーン配色にはパンチ小物が効く

〝女〟なタートルニットには〝男〟を掛け合わせたくなるのが金子的あまのじゃく。薄いグレーと自然とつながるサンドベージュのコーデュロイパンツに、小物まで茶系でまとめてとことんドライな雰囲気に仕上げます。柄×柄のパンチの効いた小物づかいで、くすんだトーンに程よくスパイシーな味つけを。

knit:Drawer　pants:MADISONBLUE　bag:FENDI　shoes:VALENTINO

そのよさを知ったのは大人になってから。肌見せすることなく女っぽさを出せる貴重なアイテムです。絶妙な薄さや適度なリブ、なめらかな肌触り、ネックがくしゅっとたるむ感じ…今のところDrawerの右に出るものなし、かな。

technique:B

マニッシュはくずしがいがあるから楽しい

妊娠中、丸みを帯びていく体に対抗するようにマニッシュな服が無性に恋しくなった時期がありました。そのころよくしていたのがタートルにテーラードを重ねるインテリメンズ風の組み合わせ。お行儀のよいマニッシュさが漂うからこそ、カジュアルなデニムミニだって大人っぽく楽しめるんです。

knit:Drawer　jacket:Maison Margiela　skirt:MADISONBLUE
bag:BALENCIAGA　shoes:PIERRE HARDY　socks:Pierre Mantoux

WARDROBE No_05
BOAT-NECK CUT&SEWN
【 ボートネックカットソー 】

technique:A

ドラマティックスカートを等身大に楽しむ

華のあるカラースカートをそのままエレガントに着るのはつまらないし私らしくない。体にくたっとなじむコットンカットソーやボーイズライクなデニムジャケットとカジュアルに中和するほうが等身大でリアル。辛口黒小物でモード感を足して、カジュアル一辺倒にならないように調整を。

cut&sewn:agnès b.　denim jacket:MADISONBLUE　skirt:ELIN　bag:VALENTINO　shoes:JIMMY CHOO

季節を問わず年中着ているものといえば白カットソー。クルーネックにはない女らしさが匂い立つ気がして、私の定番はボートネックなんです。トレンド色の強い服や、初めて着てみる服の相棒として欠かせない存在です。

technique:B

真冬だって、ファーだって、カットソーがなきゃ！

ファーをゴージャスに見せないように着るにはカットソーが使えるんです。インナーがニットだと重いし、クルーネックカットソーだと部屋着っぽい。ボートネックはどことなくフレンチフレーバーが漂って、カットソーの中では女らしい。だからこそ、カジュアル要素を盛りこんだコーディネートも程よく仕上がるんです。

cut&sewn:agnès b.　blouson:Weekend Max Mara　pants:American Apparel
shoes:Christian Louboutin　socks:Blondoll　bag:BEAUTY&YOUTH UNITED ARROWS

WARDROBE No_06
BLACK TIGHT SKIRT
【 ブラックタイトスカート 】

わざとカジュアルに、で上手くいく

女っぽい着こなしは好きですが黒タイトで〝女教師〟風になるのは避けたい。こういう女度が高い服は、その色っぽさを引き算していくと上手くまとまります。サーマルトップスにボーダーにエスパドリーユでカジュアル方向にぐいっと寄せて。モノトーンでまとめて都会的なかっこよさはキープ！

skirt:ENFÖLD　tops:JANTIQUES　border-tops:agnes b.　bag:CHANEL
shoes:VALENTINO　sunglasses:used

カジュアルな服がメインとなりつつある私のワードローブで、女っぽさを保ってくれる貴重な存在。ひざ丈、ひざ下、ミモレ、ミニ、と丈違いでそろえていますが、ヒップラインにつかず離れずのシルエットというのは共通事項。

technique:B

カントリー小物が奥行きを広げてくれる

ペンシルシルエットがモードな印象のダークトーン配色に、カントリー調のカゴバッグと乗馬ブーツを合わせたら、なんだか個性漂う新鮮な着こなしに。トレンドアイテムに頼らずとも、思いきりのいいテイストミックスや季節ミックスをすることでベーシックは更新していけるんです。

skirt:ENFÖLD　blouson:Drawer　knit:agnès b.　bag:Deuxième Classe
shoes:HERMÈS　watch:ROLEX

WARDROBE No_07

DENIM
【デニム】

technique:A

削ぎ落としてこそ小物の強さが活きる

トライしてみたいトレンド小物を見つけたら最初はまずデニム合わせから。…と決めているわけではないけれど自然とそうなっています。サスペンダーやソックスもそう。私的定番コーディネートにひとつだけお遊び小物を入れてハズす。トレンドはそれくらいさりげないほうがかえって際立つ気がします。

denim:used Levi's　knit:GALERIE VIE　suspenders:TOMORROWLAND
bag:LOUIS VUITTON　shoes:MANOLO BLAHNIK

72

クローゼットにいくつあっても買い足さずにはいられない。ここ数年はusedやvintageもチェックして、自分に合った一本を探す楽しさにも目覚めました。すそはラフにセルフカットしちゃうことも。

technique:**B**

レース×デニムにはトレンドをひとさじ

ヴィンテージライクな白レースとデニムの組み合わせは、今までもこれからも私の鉄板コーディネート。それこそジェーン・バーキンの時代からずっとずっと色あせない着方だからこそ、旬の空気感をほんのりプラスして更新するのがポイント。マニッシュ流行りの今なら黒小物でシャープに締めたい。

denim:used Levi's　blouse:MACPHEE　belt:Dsquared2　shoes:CHANEL
fur stole:in Korea　bag:HÉRISSON

73　a nuance_chapter2_**WARDROBE**

WARDROBE No_08
TRENCH COAT
【トレンチコート】

technique: A

レイヤードして冬もとことんトレンチ!

トレンチ、ニット、デニム。だれもが持つアイテムをいかに自分らしく着るか…それを考え抜いてこそ、服を自分のものにすることにつながると思います。私はハイウエストデニムやファーでほんの少し女らしく振って。なるべく長く楽しみたいから、冬は中にファーベストや薄手ダウンを重ねて暖かさを調節。

trench coat:BURBERRY vintage　fur best:AMERICAN RAG CIE　knit:Drawer
denim:FUMIKA_UCHIDA　bag:FENDI　totebag:novelty item　shoes:MANOLO BLAHNIK

色も形もいろいろあるだけにこれぞと思う一着に出会えずにいたとき、古着屋で出会ったベージュのBURBERRY。モード感漂うロング丈に対して短く仕立てられたそで。私のためにあるバランス！ と運命を感じました。

(technique:**B**)

重めシルエットはなじませ配色で洗練

ワイドパンツを太め×長めバランスで着るトレンドも難なく受けとめてくれるのがトレンチコートの懐深さ。淡いトーンで統一すると迫力が出すぎずいい感じ。グレーやベージュなどベーシックカラー同士をまろやかになじませる配色が好きなので、ボタンまでベージュのトレンチが重宝します。

trench coat:BURBERRY vintage　tops:Edith A. Miller/BLOOM&BRANCH
pants:Phlannel/BLOOM&BRANCH　bag:HERMÈS　shoes:CONVERSE

75　a nuance_chapter2_**WARDROBE**

全体のシルエットバランスだったり、肌の見え方だったり、小物の素材感だったり。
長年かけてわかってきた、細かいけれどとても大事にしていること。

Chapter
03

〝こなれニュアンス〟は細部に宿る

DETAIL / **JEWELRY**

「ジュエリー」は肌の一部。
一緒に歳を重ねていく、
そういうつきあい方をしたい。

　母や祖母がジュエリーやバッグを長年大切に愛用しているのを見て、幼心に憧れを抱いていたことを覚えています。だから、バッグ、靴、ジュエリーは本物を身につけていたい、そう思うようになったです。肌の上でキラッと光るスキンジュエリーをいつか何かの記念に自分で手に入れたいとずっと思っていました。なのですが、最初に手に入れたリングは衝動買いで（笑）。友人の結婚式で訪れたハワイにて。その後ずっとつけていることを思うと、そのときがベストタイミングだったのかも。ふたつ目は娘が産まれた後にこちらもハワイにて。ピアスは親友たちからのプレゼント。どれも一緒に過ごした年月の記憶が詰まっています。この3つが私のスタンダードです。

ティファニーのエルサ・ペレッティ ダイヤモンド バイ ザ ヤード ピアスとメトロ リング。薬指にイエローゴールド、人さし指にはホワイトゴールド。ふたつつけるカジュアルさが好き。
pierced earrings・rings:Tiffany&Co.

DETAIL / **HAT**

何か足りない…と思ったら
仕上げに「帽子」をぽん、と添えて。
全身の完成度がぐっと上がるから。

4.NEWT 3.CHANEL 2.Theory 1.LA CERISE SUR LE CHAPEAU

8.override 7.HERMÈS 6.TOMORROWLAND 5.J.Crew

　もともとタイトヘアが好きで、ほぼ毎日キュッと結んでいました。さすがに変化が欲しいなと思ったときにヘアスタイルを変えるのは難しいけれど、帽子なら即取り入れられるなと。コンサバ感を程よくマイナスしてくれてコーディネートに個性が出る。帽子の分の高さがプラスされるから、小柄な私はうれしい限り。それに、スッピン隠しにも（笑）。夏にフェルトのハットをかぶったり冬にキャップをプラスしたり、シーズンを先取りするつもりで、季節とちょっとずらして取り入れるのが好き。季節ミックスの新鮮さに気づいたのは帽子がきっかけかもしれません。そのギャップに、おしゃれなニュアンスが漂う気がするんです。

　いちばんよくかぶるのはキャスケット。黒のCHANELは5年以上のつきあいです。ハットほど大げさじゃなく、ちょこんとのせる感じが好きなんです。髪を結ぶときは耳を隠すようにして、横から見たときに帽子の下にもヘアが出るようにするのが小さなこだわり。

79　a nuance_chapter3_**DETAIL**

DETAIL / SUNGLASSES

コンプレックスだった甘コンサバ顔を
クールに、ストイックに…
それを「**サングラス**」が叶えてくれた。

2. Clubmaster

1. Wayfarer

1

2

3

4

4. Aviator

3. Round

　好きなファッションテイストと生まれもった甘めの目元が合わない気がして、ずっとコンプレックスでした。その目元を隠すために思いきり辛口なRay-Banのティアドロップを取り入れたのが始まり。だから私にとってサングラスはコンプレックスを隠すためのものだったんです。それもあってか選ぶのはメンズライクなかっこいいタイプばかり。服に合わせてアイシャドウの色を変えるのと同じように、毎朝気分で選びます。…といってもほとんどRay-Banのティアドロップがあれば足りるんですよね。服にフェミニン要素が多いときほど頼りたくなるし、Tシャツ×デニムみたいなごくシンプルな格好でもその迫力が欲しくなる。もう15年は愛用しています。

1オーソドックスなデザインで折りたためるので旅に必ず連れて行きます。**2・3**TOMORROWLANDで買ったデッドストック。**2**削ぎ落としてマニッシュに振りたいときに。**3**コンサバな雰囲気の服にメンズライクな印象を足したいときに。**4**マイベーシック。この他にゴールドフレーム、ブラックフレームも愛用しています。
sunglasses: すべてRay-Ban

DETAIL / NAIL

美は先端に宿るものだから
手も足も365日ずっと「フレンチネイル」。
目に入る部分に〝女〟があると気分がいい。

　フレンチネイルは素肌の一部。フレンチ以外にしたのを思い出せないので、もう20年くらいずっとかな。飽きる、飽きないのレベルじゃない、スキンケアするのと同じような気持ちです。白を基本としつつ、赤、黒、グレーのフレンチも。そういえばビジューをつけたことは一度もない…筋金入りのシンプルフレンチ好きです。小さいころ海外に行く機会が多くて、そこで見かけた大人の女性に憧れたのがきっかけだと思います。おばあさんでも必ずフレンチか真っ赤のネイルをしていて、それが抜群にかっこよかった。幼いながらに心を奪われました。ブレることなくずっとその女性像を追い続けていて、おばあちゃんになってもずっとフレンチ、私もそう決めています。

Kaneko's Favorite
「**tricia 表参道店**」

東京都港区北青山3-8-4　サンテックス岡本104
☎03・3797・6120
薄づきなのに長もちするので最近はずっとこちらに。欠けやすく、弱かったはずの私の爪が折れなくなりました。いつも石黒さんにお願いしています。

DETAIL / **OVERSIZE**

「オーバーサイズ」が視野を広げてくれる。
隙のあるバランスと着心地…
新たな気持ちでおしゃれに向き合える。

　メンズサイズのニットの中で体が泳ぐあの感じ、昔から大好きです。華奢さを際立たせてくれるから、上手く取り入れない手はない。マニッシュに着こなすのではなくて、あくまで女っぽさを演出する策のひとつです。メンズサイズトップスに、ボトムはシュッと細く締める。ゆる×華奢のリズム感が、それだけで全身をおしゃれに見せてくれます。メンズトップスはベーシックなデザインがそろうファストブランドでトライしてみるのもいいと思う。メンズならではの直線的なつくりや、狭めにとられた襟など、同じように見えてもウィメンズとは異なるニュアンスで新鮮に感じられるはず。メンズもウィメンズもどちらも着られるのは女の特権ですね！

こんなオーバーサイズのニットには、久しぶりにマイクロミニを。こうやって選択肢が広がるのが楽しい。このバランス感だけで十分、潔くノーアクセで着たい。
knit:used　skirt:knott

82

DETAIL / **RESIZE**

服をものにするために、服に着られないために、
「サイズ直し」を真剣に考える。
自分だけの服はきっと何年も愛したくなる。

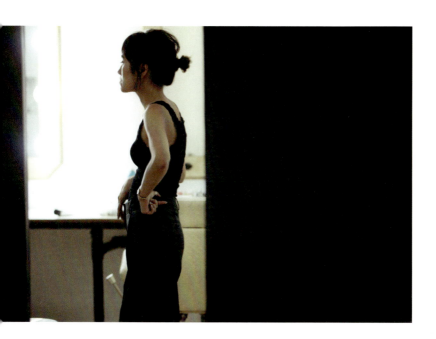

パンツを愛する身長158cmの私としては、お直しはとても大事なメンテナンス。ウエストインしてきれいめにパンツをはくのが好きだから、ウエストも腰回りも丈もジャストサイズにしておきたい。試着しないで買うことはないし、どんなにツボだと思っても体に合わなければあきらめます。イメージしたようにはけないから、大幅なサイズ修正をする前提で服を買うことはありません。パンツのすそカット、ウエストの微調整は信頼しているSARTOに持ち込みます。どう直すかは、そのパンツをどうはきたいかと同じ。私はヒールに合わせることが多いので腰回りぴったりと、すそはフルレングスに設定しておくのが基本です。

tank top:ott-tricot　pants:Theory

Kaneko's Favorite

「SARTO原宿店」

東京都渋谷区神宮前
3-31-20 野津ビル2F
☎03・3408・3982
腕がいいので大切な服も信頼してお任せできる貴重なショップ。パンツは実際にはいて直し方を細かく相談しています。

女度を引き立てるメンズのROLEX
MEN'S ROLEX

コーディネートの最後に加える時計は、全体のバランスの調整役。このヴィンテージのメンズROLEXは、オールステンレスでダイヤもなし。一見無骨なこの存在感が、逆に女らしさを引き立ててくれる気がします。少しゆるくつけて手首の華奢さを強調するのが好き。

谷間は必要ないからHANROの下着
HANRO

洋服を着こなす上で意外と重要なバスト。ただ盛ることがすべてではないと思います。HANROの下着は自然にキレイな胸元を演出してくれる頼れる存在。深いV開きや肌から決して浮かない完璧な立体感。ブラ一枚では心もとない薄手Tシャツもこれがあればスマートに着られます。

DETAIL / **VARIOUS ARTICLES**

長年かけてたどりついたこだわり。
細かいけれど
とても大切にしている
「ディテール」のはなし。

雑がこなれ感になるHERMÈSのスカーフ
HERMÈS

キレイに巻かない。雑に巻くことがむしろ絵になってしまうのは、HERMÈSだからこそ。特にシルクカシミアのカレは、ツヤのない独特の風合いで、夏のTシャツにも冬のコートにも不思議となじむ万能の一枚。出会いを大切にしてゆっくり集めていきたい名品です。

ボディクリームでさりげなく香る人
Jo MALONE&NUXE

香りも洋服同様さりげないのが好きなので、香水よりボディクリーム派。近くにいる人だけにそっと優しく香る…その控えめな感じが色っぽい気がして。保湿のためにも毎日欠かせません。Jo MALONEとNUXEのふたつはもう何回もリピートしているマイベーシック。

冬につけるゴツめシルバージュエリー
SILVER JEWELRY

基本ジュエリーは華奢ゴールド派。でも秋冬になるとつけたくなるのがゴツめのシルバー。シルバーといえば普通は夏ですが、ニットやウールといった冬のほっこりした素材にパンチが欲しくなるのかも(笑)。ゴールドと合わせてあくまで女らしく、が落ち着きます。

アクセサリーとしてのニュアンスヘア
HAIR STYLE

帽子やサングラスと同じで、ヘアも私にとってはアクセサリーの一部。ブローもなし、ブラシも使わずに猫っ毛の髪質を活かしてとにかくラフに仕上げるのが好き。air-AOYAMAの志賀さんと相談しながら、前髪をつくったり、パーマをかけたりして、少しずつ更新しています。

エコバッグにしかつくれない抜け感がある
ECO BAG

改めて考えると実用はもちろん、おしゃれの視点から見ても毎日に欠かせないエコバッグ。素朴な布帛ならではのほっこりしたムードは、私のコーディネートの絶妙な抜け感に。基本は生成りコットンに黒ロゴ。そして必ず肩にかけて持つのが、小さなこだわりです。

モード顔したTASAKIのパールリング
TASAKI

コンサバの代名詞でもあるパール。なのにデザインは思いっきりモード。その振り幅のあるギャップにひと目ぼれしたのがTASAKIのバランスリング。ギャップは私の人生のテーマ。もちろんカジュアルなデニムに合わせて。つけ方までとことんギャップを追求します。

見えない部分にこそ女らしさを
ott-tricot

ott-tricotのキャミソールはインナーとして。人に見せる前提ではありませんが、華奢なストラップと繊細なレースは万が一見えたときもほんのりセクシー。コットンの優しい肌あたり、体にフィットするリブ編み、調節できる肩ひも…と着心地も申し分なしなんです。

大人になるほどメークは引き算
MAKE-UP

大人になるほどシンプルになってきたのがメーク。最近は色を極力使わないようにして、マスカラもアイラインもブラウン。唯一のポイントはよく褒められる太眉です(笑)。実はメークも服と同じくらいトレンドが出やすいので、常にアンテナを張ってアップデートを心がけています。

SNEAK PEAK / IN MY BAG

職業柄、荷物はわりと多いほう。好きなモノだけを
厳選した「バッグの中身」は
ある意味ファッション以上に私らしい。

荷物は多いほう。でもムダなものは持たない主義なので、バッグに入っているのは日々使うものばかり。必ず入っているのはこのあたり。iPadはアナログな私も使い始めてその便利さの虜に。ケースはもちろんシンプルなブラックで。iPhoneケースはLES(ART)ISTS。ノート、手帳、ペンは仕事に欠かせない相棒。白い名刺ケースはJIMMY CHOO。カギにはジャンクなキーホルダーをジャラジャラつけて。重いけど(笑)、バッグの中で見つかりやすいんです。サングラスやメガネも必ず持ち歩いているもののひとつ。お財布はここ数年LOUIS VUITTONのミニサイズを愛用。クラッチから大きめまで、どんなバッグにも対応できる優れもの。ムダな領収書も溜まりません。こまごましたものはポーチで小分けに。ポーチ好きなんです。こういうところはA型っぽいのかもしれませんね。

　　　　　　　ポーチは雑貨系とコスメ系のふたつに分けています。上：雑貨系ポーチにはより頻繁に使うものを。
　　　　　　　BOBBI BROWNのリップバーム、CHANELのミラー、バイシンの目薬、O・P・Iのネイルオイル、AVEDAのア
　　　　　　　ロマオイル、THREEのハンドクリーム、そして外せないのがポケムヒ（笑）。ロケ撮影中によく虫に
　　　　　　　刺されるので、一年中欠かせません。下：コスメ系ポーチにはルナソルの下地、アルマーニのファ
　　　　　　　ンデーション、rmsのコンシーラー、SUQQUのフェイスパウダー、ブランエトワールのチーク、ラブ・
　　　　　　　ライナーの茶アイライナー、"マジョマジョ"のマスカラとアイシャドウを。たま〜にポツンとでき
　　　　　　　るニキビ用にキールズのスポッツも常にイン。コスメは信頼しているヘアメークさんが使っている
　　　　　　　ものをジロジロチェックして（笑）、マメに更新しています。

SNEAK PEAK / **IN MY CLOSET**

シーズンレスにすべて見やすく。
「クローゼットの中」には
本当に好きなものだけが詰まっている。

88

備え付けのクローゼットとは別に、ひと部屋をウォークインクローゼットにしています。もう着ないなと思ったものはわりとすぐ手放すようにしているので、本当に好きなものだけがぎっしり。把握できないほどの量は必要ないし、記憶に残っていなかったらそれはもう今後着ないもの。季節ミックスが好きなので衣替えはしません。似ているものがいっぱい…なんて言われる私のワードローブ。確かに色違いや素材違いなど微差なものが多々あります。でもその微差が私にとっては大事な差で、全部必要なものたちなのです。

1デニムチームは折り畳んで重ねて木のボックスに。2スタメンジュエリーは無造作に置くくらいが朝セレクトしやすくて便利。3小バッグ、ベルト、ストールはそれぞれ分けて棚に収納。4靴箱は処分して風通しよく。愛する靴がいっぱいのこの眺めが好き(笑)。5玄関脇にはサングラスやメガネなど、出かける直前に足すものを。6茶色の帽子用ケースはハワイのRossでひと目ぼれして、抱えて持ち帰って来たので思い出深い(笑)。他の収納ケースはIKEAやアンティークインテリアショップで見つけました。7ラックにかけてあるのは冬用厚手アウター。

Chapter
04
FROM AYASTAGRAM!

SNAP! EVERY DAY

なにげない普段のスタイルを日々アップしているInstagram:ayaaa0707。
季節ごとにお気に入りを抜き出したら、金子スタイルがより見えてくる。

SPRING

トップス1、ボトム1、素足も解禁して
私らしいコーディネートが活きる楽しい季節。

001

#スニーカーにワイドパンツ…
#3年前の自分驚くだろうなw

002

#やっぱり無類のサロペ好き
#ついつい欲しくなる

001「シンプルなワントーンに物足りなさを感じたら、仕上げにLOUIS VUITTONのモノグラムを」twin knit: Drawer、pants:BLOOM&BRANCH、shoes:CONVERSE、hat:CHANEL　**002**「カジュアルなサロペットこそ足元はヒール！」shirt:L'Appartement DEUXIÈME CLASSE、salopette:Deuxième Classe、bag:HERMÈS、shoes:VALENTINO

004
#ブルーグレーグリーン　#ニュアンスカラー

003
#(*_*)寝不足…　#うん年前のシャネル

006
#古着スエット　#レースをぶっこむw

005
#Kmart侮れない　#必ずパトロール

SPRING

003 「インディゴのキレイめデニムは、ボーダー×柄バッグでキッチュに」tops:BLOOM&BRANCH、denim:Whim Gazette、hat:NEWT、bag:CHANEL　004 「トップスをレイヤードしたら足元にはヌケを。ニュアンスカラーはあえて強めの黒小物で締めるのも◎」knit:Drawer、tee:American Apparel、denim:GOLDEN GOOSE DELUXE BRAND、shoes:BEAUTY&YOUTH UNITED ARROWS　005 「2年前ハワイのKmartで買った迷彩サーマル。プチプラなのに優秀。買って正解！」skirt:TOMORROWLAND、shoes:VINCE.、bag:PRADA　006 「靴下はおしゃれと春先の冷え対策を兼ねてw」tops:used、skirt:Luftrobe、bag:HERMÈS

92

__008__
#リース　#夕方から撮影　#駆け抜けましたσ(^_^;)

__007__
#意外な傘好き　#ちなみに傘は〝ASOKO〟

__010__
#ショートボトムには長そで…

__009__
#4時半起きで頑張りました　#NEO率高めw

007「ユニクロのクロップドパンツは2色買い。丈ツメ要らずなのも助かる」knit:J.Crew、pants:UNIQLO、bag:American Apparel　008「レザーのサロペットとサンダル。季節感をMIXさせて」knit:Drawer、salopette:LES PRAIRIES DE PARIS、shoes:MANOLO BLAHNIK　009「半そでニットが最近のマイブーム。はき慣れたデニムも新鮮に見えるから不思議」knit:GALERIE VIE、denim:AG、bag:CHANEL・BALENCIAGA、shoes:Repetto　010「春らしく暖かな今日はハーフパンツ日和。トップスは長そでを腕まくりして肌見せ具合を調節」tee:T BY ALEXANDER WANG、pants:Drawer、hat:J.Crew、bag:HERMÈS、shoes:MANOLO BLAHNIK

013	012	011
016	015	014

011「マーメイドシルエットのスカートは脚細効果大（な気がする）！」tee:patagonia、skirt:L'Appartement DEUXIÈME CLASSE、watch:G-SHOCK　012「大判ストールは思いっきり雑に巻くといい感じのこなれ感が」tee:MUJI、denim:GOLDEN GOOSE DELUXE BRAND、stole:HERMÈS、shoes:CONVERSE　013「センスが問われるネイビー×黒の上級配色。シンプルに」knit:CÉLINE、pants:ENFÖLD、hat:LA CERISE SUR LE CHAPEAU、shoes:PRADA、bangle:HERMÈS　014「ウォッシュがかかった淡色デニムはトップスとコントラストを効かせて」tee:JOURNAL STANDARD、vest:MADISONBLUE、denim:used Levi's　015「ボートネックに惹かれて買ったagnès b.のカットソー」pants:Whim Gazette、shoes:MANOLO BLAHNIK　016「コンサバになりがちなブルーのシャツにはサスペンダーの遊び心を」shirt:THE IRON、denim:AG、suspenders:American Apparel、bag:HERMÈS、shoes:ZARA

019 018 017
022 021 020

SPRING

017「野暮ったい!? くらいの真っ白ソックスがポイント」tee:ENFÖLD、denim:Munich hidden gem、shoes:Christian Louboutin 018「キャメル×デニムブルーは永遠に好きな配色」knit:Whim Gazette、denim:VONDEL、denim jacket:MADISONBLUE、belt:CHANEL、bag:TOMORROWLAND novelty、shoes:Christian Louboutin 019「009と同じGALERIE VIEのニット。合わせるデニムが違えばまた違った印象に」denim:BLOOM&BRANCH、bag:BALENCIAGA、shoes:Gianvito Rossi 020「MACPHEEのTシャツは、絶妙なレンガ色にひと目惚れ」pants:VINCE、hat:LA CERISE SUR LE CHAPEAU、bag:HERMÈS、shoes:Christian Louboutin 021「カーゴパンツはなんだかんだ毎年新調。定番こそアップデートが必須」knit:MACPHEE、pants:used、umbrella:BEAMS 022「BEAUTY&YOUTH UNITED ARROWSのバンダナ柄のエコバッグで旬エッセンスを」tee:GAP、skirt:ISABEL MARANT ETOILE

95 a nuance_chapter4_SNAP! EVERYDAY

025	024	023
028	027	026

023「003のトップスと015のパンツを着回し。この日はボーダー以外を淡いトーンでまとめて」shoes:Christian Louboutin、hat:J.Crew、bag:GALERIE VIE　024「こんななにげないコーディネートにこそサングラスが効く」jacket:Deuxième Classe、tee:agnès b.、denim:Whim Gazette、bag:CHANEL、shoes:REGAL　025「024と同じカーキジャケットとデニム。ジャケットは襟足をダボッと抜きつつわざとボタンを掛け違えて、シャツのように着る」tank top:HYKE、bag:HERMÈS、shoes:Christian Louboutin　026「どんなトップスや靴も受けとめてくれるTheoryのセンタープレスパンツ。その懐の深さは唯一無二」tee:ENFÖLD、shoes:TOD'S　027「オールブラックの足元には辛めブラウンサンダルで差し色を」tops:Santa Monica、pants:UNIQLO、shoes:ZARA、bag:American Apparel　028「ペタンコ靴に頼りがちながっつりリースDAY。HYKEのキレイめパンツでカジュアルすぎないように」tops:Drawer、pants:HYKE、bag:CHANEL、shoes:LOEFFLER RANDALL

SUMMER

肌見せで女っぽさを足しながら
辛口アイテムをラフに着られる大好きな季節！

029

♯華奢なヒモ
♯サスペンダー??
♯このニュアンス
♯嫌いじゃないw

030

♯ペタンコサンダルで
♯女っぽさ微調整
♯シャツワンピは白より黒派

029「ジャストサイズのTシャツとワイドパンツのバランスが好み」tee:Hanes、pants:JEANPAULKNOTT、bag:J&M DAVIDSON、shoes:CONVERSE　**030**「胸元を開けて着たシャツワンピには、コンフォートサンダルくらいのラフさが◎」one-piece:MUSE de Deuxième Classe、hat:J.Crew、bag:HERMÈS、shoes:BIRKENSTOCK

SUMMER

031

＃帽子もしんどい猛暑日　＃おしゃれは我慢！

031「各所に散りばめた黒小物でオールホワイトも辛口に転ばせて」tee:TOPSHOP、salopette:URBAN RESERCH 、bag:CHANEL 、shoes:MANOLO BLAHNIK　**032**「家族でお出かけのとき。ママ的ファッションはコスプレ感覚で楽しんでいます」one-piece:YOKO CHAN、shoes:BIRKENSTOCK、bag:CHANEL　**033**「焼けた肌が映える、夏ならではの大人の肌見せコーディネート」tee:American Apparel 、denim:FUMIKA_UCHIDA、hat:J.Crew、bag:HERMÈS、shoes:Theory

033　　　032

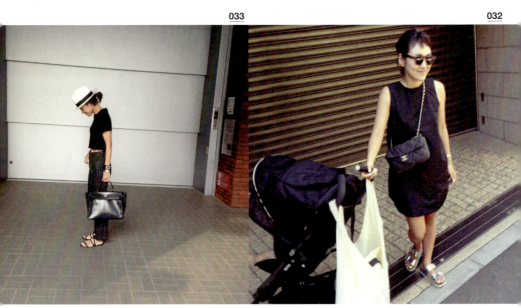

＃ちびT懐かし　＃若干お腹冷える…　　＃風強めで前髪が…　＃チビの足w

035　　　　　　　　　　　034

＃親友も買いに走ってた　＃このエコバッグw　　＃公園DAY　＃タンク気分

036

034「薄手のコットンのガウンは夏の温度調節に。はおるだけで雰囲気の出る超ロング丈」gown:used、tank top:JANTIQUES、denim:used Levi's、bag:Deuxième Classe、shoes:ZARA
035「ロングスカートはトップスをコンパクトに。エレガントに転ばないようにビーサンもマスト」tee:Edition、skirt:BEAUTY&YOUTH UNITED ARROWS、bag:D&DEPARTMENT・CHANEL、shoes:SALACS　036「それだけできちんと感の出るジレは、忙しい朝つい手が伸びる」tee:JANTIQUES、vest:BEAUTY&YOUTH UNITED ARROWS、denim:used Levi's、bag:HERMÈS、shoes:Christian Louboutin

＃ノーカラージレ　＃脱いだら栄作w

99　a nuance_chapter4_**SNAP! EVERYDAY**

037「006でも着ているこのスエットは確か古着屋で¥500くらいだった気が…w」skirt:Acne Studios、bag:BALENCIAGA・CHANEL、shoes:VALENTINO　038「体に沿うコンパクト感がかわいいGAPのTシャツは、3、4色まとめ買いしたほどお気に入り」pants:DRIES VAN NOTEN、hat:TOMORROWLAND、belt:TRIPLE E、bag:HERMÈS、shoes:BEAUTY&YOUTH UNITED ARROWS　039「レース×デニムが好き。コットン素材、詰まり気味の襟ぐりならレースも甘くなりすぎない」tops:MACPHEE、denim:FUMIKA_UCHIDA、bag:BALENCIAGA、shoes:BEAUTY&YOUTH UNITED ARROWS　040「038と色違いのTシャツ。これはよく見ると細いピッチのボーダー柄」tee:GAP、denim:BLOOM&BRANCH、shoes:ROPÉ　041「大きめバッグだっておかまいなしに斜めがけw。メッセンジャーバッグ的感覚で、カジュアルなハズしに」knit:MACPHEE、denim:used Levi's、bag:HERMÈS、shoes:VALENTINO

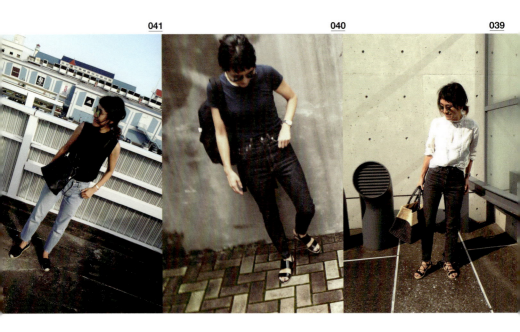

SUMMER

042「これも大人買いのGAP Tシャツ。シルエットのメリハリでスタイルアップ!」pants:BLOOM&BRANCH、bag&stole:HERMÈS、shoes:melissa 043「BALENCIAGAのビッグトートとキャップで自分らしく味つけ」tee:Edition、skirt:GOLDEN GOOSE DELUXE BRAND、cap:Ron Herman、bag:BALENCIAGA、shoes:ZARA 044「半端丈スカートは、Tシャツの前だけちょこっとINするとバランスがいい」tee:ENFÖLD、skirt:DES PRÉS、hat:J.Crew、bag:D&DEPARTMENT・CHANEL、shoes:havaianas 045「マオカラーが今の気分のシャツ。このタイプはいちばん上までボタンを留めて」shirt:MACPHEE、denim:BLOOM&BRANCH、bag:HERMÈS、shoes:BEAUTY&YOUTH UNITED ARROWS 046「ヒョウ柄、シルバー、スタッズ…etc.ジャンクな小物でとことん盛る日♥」tee&pants:ENFÖLD、bag:UNITED ARROWS、shoes:MANOLO BLAHNIK、bangle:HERMÈS

| | 049 | | 048 | | 047 |
| | 052 | | 051 | | 050 |

SUMMER

047「キレイ色は黒を合わせてシャープに。ほっこり着ない！」blouson:Luftrobe、camisole:FUMIKA_UCHIDA、skirt:ELIN、bag:ZARA、shoes:BEAUTY&YOUTH UNITED ARROWS **048**「究極のシンプル、白T×usedデニム。ヘア＆メークや合わせる小物、そでのまくり方といった〝着方〟がすべて」tee:Hanes、denim:used Levi's、bag:D&DEPARTMENT・HERMÈS、shoes:Christian Louboutin **049**「グレーのスエードが珍しいスカートはWhim Gazette。ビーサンはカラーオーダーしたSALACSです」tank top:JANTIQUES、bag:TOMORROWLAND novelty **050**「ストンとしたボックスシルエットがしゃれてるT BY ALEXANDER WANGのオールインワン。テロっとした素材で大人っぽく着られる」hat:J.Crew、bag:HERMÈS、shoes:LOEFFLER RANDALL **051**「トップスINが決まるのは、こんなハイウエスト×ワイドなボトム」tee:MACPHEE、pants:BEAUTY&YOUTH UNITED ARROWS、bag:CHANEL、shoes:Teva **052**「真夏はジレ一枚＝通称〝ジレイチ〟もあり。媚びた感じはないのにデコルテが女っぽく見える」vest:MADISONBLUE、denim:used Levi's、shoes:BEAUTY&YOUTH UNITED ARROWS、bag:HERMÈS

055	054	053
058	057	056

053「リュックとサンダルでワンピースにスポーティテイストを投入。ちなみにリュックは片がけが小さなこだわりw」one-piece:BEAUTY&YOUTH UNITED ARROWS、bag:American Apparel、shoes:Teva **054**「80'Sな香りに惹かれたReebokのTシャツ。メンズのMサイズでビッグに着ます」skirt:Acne Studios、hat:TOMORROWLAND、bag:GALERIE VIE、shoes:TOGA **055**「とあるオフの日。荷物を気にせずクラッチを持てるのは休日の特権」tee:Luftrobe、pants:used、bag:ZARA、shoes:MANOLO BLAHNIK **056**「縦のシルエットを意識してつくることで、ノーヒールでもバランスよく」tee:TOPSHOP、pants:BEAUTY&YOUTH UNITED ARROWS、suspenders:Santa Monica、bag:BALENCIAGA、shoes:Teva **057**「ノースリーブでも長そでもない、半そでシャツ独特の中途半端さが絶妙なハズシに」shirt:Drawer、denim:GOLDEN GOOSE DELUXE BRAND、shoes:CONVERSE **058**「肌を出すときは思いきって。全体をメンズライクにまとめれば、いやらしくならず、タンクトップも難なく攻略」tank top:HYKE、pants&bag&shoes:BEAUTY&YOUTH UNITED ARROWS、hat:TOMORROWLAND

103 a nuance_chapter4_SNAP! EVERYDAY

黒、カーキ、リブニット…
好きなもの＝自分のブレない軸を再確認したくなるとき。

#悩んで買ったTheory
#一年通して活躍
#買ってよかった

059

#七分そで、ミモレ丈…
#中途半端を
#ニュアンスと呼ぶ

060

059「まだ白Tを楽しみたい秋口は、薄手のコート合わせで」coat&pants:Theory、tee:Hanes、hat:no brand、shoes:CONVERSE　**060**「コーディネートにマンネリを感じたときは、こんな淡色のワントーンでリフレッシュ」knit:GALERIE VIE、skirt:GOLDEN GOOSE DELUXE BRAND、bag:HERMÈS、shoes:Gianvito Rossi

061
#予想以上のいいね！
#びっくり
#ありがとうございます♥

062
#バングルはニットの上から
#これ昔流行ったヤツ
#芸が細かい!?w

063
#UNIQLOカーデは
#数年着ている
#メンズサイズ

061「久しぶりにジャケットが着たくて手に取りました。ダブルの背広的ムードが気分」jacket:GOLDEN GOOSE DELUXE BRAND、tee:Hanes、denim:used Levi's、hat:TOMORROWLAND、bag:LOUIS VUITTON、shoes:Gianvito Rossi **062**「30歳を越えてから気負わず着られるようになったアイテムのひとつが派手色」knit:Drawer、pants:Deuxième Classe、glasses:OLIVER PEOPLES、shoes:Christian Louboutin **063**「UNIQLOのニットはメンズのMサイズ」knit:UNIQLO、pants:ZARA、bag:LOUIS VUITTON、shoes:3.1 PhillipLim

064「淡色デニム×ブルーのマノロは相性抜群」jacket:GAP、tee:Hanes、denim:used Levi's、bag:BALENCIAGA、shoes:MANOLO BLAHNIK　**065**「Tシャツ×ブーツ。お天気がいい日はここぞとばかりにこの季節限定のおしゃれを」tee:GAP、pants:JEANPA ULKNOTT、bag:swell、shoes:HERMÈS　**066**「一枚でサマになるスリーブレスコートはオールブラックでなじませるようにシンプルに」coat&knit:HYKE、denim:BLOOM&BRANCH、bag:ANTEPRIMA、shoes:JIMMY CHOO　**067**「ハイダメージがポイントのAcneのGジャンは、ハードになりすぎないように意識。白ソックスで抜けと清潔感をプラス」denim jacket:Acne Studios、tee:T BY ALEXANDER WANG、pants:ZARA、bag:BALENCIAGA、shoes:Christian Louboutin　**068**「こんなシンプルコーデは、下着や姿勢にいつも以上に気につけます」knit:Drawer、pants:muller of yoshiokubo、bag:GALERIE VIE、shoes:CONVERSE　**069**「レザーコート×スエットパンツの異素材MIX!」jacket:Sisii、knit:PRADA、pants:Champion、stole:Faliero Sarti、shoes:VALENTINO

AUTUMN

066　065　064
069　068　067

106

070「雨の一日。059でも着たTheoryのナイロン素材コートとソール厚めのDr.Martensのタッセルローファーは雨を気にしなくていい逸品」knit:agnès b.、denim:used Levi's、bag:LOUIS VUITTON **071**「上下ルーズなシルエットは、モノトーンで締める！」knit:American Apparel、pants:qualité、shoes:PHILIPPE MODEL **072**「テイストや季節感…いろいろなものを自由にMIXするのがやっぱり好き！」jacket:used adidas、skirt:ENFÖLD、bag:CHANEL、shoes:MANOLO BLAHNIK **073**「下半身をニュアンス違いのピンクでまとめて」jacket:GOLDEN GOOSE DELUXE BRAND、tee:Hanes、pants:STELLA McCARTNEY、bag:used・D&DEPARTMENT、shoes:Gianvito Rossi **074**「残暑が厳しい日は足元だけでも秋を先取り。ハラコのレオパードがかわいいルブタン」one-piece:ENFÖLD、bag:HERMÈS、shoes:Christian Louboutin **075**「夏に活躍したコンフォートサンダルも、靴下合わせで秋まではき倒す派」jacket:in Korea、tee:GALERIE VIE、pants:L'Appartement DEUXIÈME CLASSE、bag:swell、shoes:vibram

107 a nuance_chapter4_SNAP! EVERYDAY

076「大げさに見えるレイヤードも、すぐ脱ぎ着できる前開きのものを選べば気温の変化にもスマートに対応」jacket:used、knit:GAP、tee:Edition、pants:Whim Gazette、shoes:Christian Louboutin   077「長そでが増える秋からが、私にとってはショーパンの本番」knit:GALERIE VIE、pants:Deuxième Classe、bag:BALENCIAGA、shoes:JIL SANDER NAVY   078「この時期に活躍する地厚なサーマル。これにストールさえ持てば10月も意外と乗り切れます」tops:Hanes×Ron Herman、pants:UNIQLO、bag:HERMÈS、socks:MUJI、   079「GAPのニットワンピースは発売と同時にゲット。リブが好み♥」bag:HERMÈS、shoes:vibram   080「ニットコートは中途半端より、思いっきり長めを。そのほうが断然ドラマティック」knit coat:Luftrobe、tee:Miller、denim:used Levi's、hat:Deuxième Classe、bag:HERMÈS、shoes:Christian Louboutin   081「Drawerのパンツはさすがの発色。スモーキーな色味はそれだけでしゃれて見える！」jacket:in Korea、hat:LA CERISE SUR LE CHAPEAU、shoes:Christian Louboutin

108

082「ジャージを取り入れた辛口モードスタイルは、かごバッグでやわらかく。…本人的には、しているつもりですw」jacket:used adidas、knit:CÉLINE、pants:UNITED ARROWS、bag:BALENCIAGA、shoes:Acne Studios　083「素肌にカーディガンを一枚=通称カーディベ。女度が高くなりすぎると私らしくないので、ラフなスエットパンツでハズして」knit:PRADA、pants&hat:UNIQLO、socks:BLUE FORET、shoes:Christian Louboutin　084「ものすごく久しぶりのマイクロミニショーパン。レザーで辛口に、そしてバレエシューズでほんのり甘いハズしを」tops:used、pants:used、shoes:Repetto　085「寒さが本格的になる11月のある日」jacket:in Korea、knit:DES PRÉS、skirt:L'Appartement DEUXIÈME CLASSE、shoes:Acne Studios　086「ファーベストのインナーにもサーマルトップスが活躍。コラボならではのさすがの発色」vest:used、tops:Hanes×Ron Herman、pants:JEANPAULKNOTT、shoes:Christian Louboutin　087「寝坊した日はワンピ感覚のワントーンコーデ」shirt&skirt:MADISONBLUE

109　a nuance_chapter4_SNAP! EVERYDAY

素材や色、質感にこだわって、やや意外性のある
レイヤードをとことん味わい尽くします。

#冬になると
#持ちたくなる
#カチッと
#スクエアなバッグ

088

#タートル×テーラード
#メンズでもストライク
#厚手ソックスには
#1サイズ上のパンプスで

089

088「インを黒一色でまとめて、たっぷりしたグレーのコートを主役に」coat:ENFÖLD、knit:agnès b.、denim:Whim Gazette、bag:MICHAEL KORS、shoes:Acne Studios　**089**「黒ぶちメガネとナイキの白ソックスで遊び心を」coat:UNIQLO、knit:DES PRÉS、pants:UNITED ARROWS、bag:CHANEL・BALENCIAGA、socks:NIKE

091
#ユニクロのカシミアチェスター　#かなり使える

090
#インナーには　#まさかの上下ヒートテックw

093
#白スニーカー　#金子的本番は冬

092
#ソックス×サンダル　#ブーツじゃ出せないニュアンス

090「ダークトーンにベージュを差すとこじゃれ感アップ」coat:Drawer、salopette:Deuxième Classe、knit:CÉLINE、bag:BALENCIAGA、shoes:JILL SANDER NAVY　**091**「089でも着たユニクロのチェスターコートは、11月のこの時期へビロテ。買ってよかった！」coat:UNIQLO、knit:DES PRÉS、pants:ZARA、shoes:PHILIPPE MODEL、knit cap:UNITED ARROWS　**092**「リッチなファーコートにユニクロ&エコバッグ。ハイ＆ローも自由にMIX」coat:WEEKEND Max Mara、knit:CÉLINE、pants:UNIQLO、bag:used、shoes:MANOLO BLAHNIK、socks:Blondoll　**093**「ピッチ太めのボーダーはシンプルに着てカジュアルになりすぎないように」coat:SCYE BASICS、knit:qualité、bag:BALENCIAGA、shoes:CONVERSE

095
#極寒ロケ　#ファー頼み…~_~;

094
#休日　#チビの笑顔に癒される

097
#珍しく長めスカート　#春モノ投入

096
#デニム特集の撮影　#自らもデニムで

094「ふんわり柔らかな風合いが魅力のニットコート。インにはニットとケンカしないTシャツなど、サラッとした素材を」 knit coat:Luftrobe、tee:MUJI、pants:ZARA、bag:CHANEL、shoes:NIKE、hat:UNIQLO　095「Drawerのファーコートはリバーシブルで着られる優れもの。高かったけれども…大活躍中！」coat:Drawer、pants:ZARA、socks:Champion　096「Leeのサロペットは10年くらい前のもの。好きなものは捨てずに寝かせておくと、また活躍したり。この面白さがファッションの醍醐味」coat:Drawer、tops:UNIQLO、bag:HERMÈS、shoes:VALENTINO　097「個人的に珍しい長めスカート。着慣れないアイテムはまずはモノトーンで取り入れる」jacket:in Korea、knit:DES PRÉS、skirt:BEAUTY&YOUTH UNITED ARROWS、shoes:TOD'S

099
#秋早々に買った　#今季1着目のコート

098
#カナダグース　#デビュー

101
#ヴィトン&コンバース　#名品の安定感

100
#母さんカッコつけてますが　#チビカメラ目線~_~;

WINTER

098「不慣れなダウンw。ひとまずタイトスカート合わせでカジュアルになりすぎないように」coat:CANADA GOOSE、knit:Drawer、skirt:ENFÖLD、bag:MICHAEL KORS、shoes:TOD'S　**099**「正直寒い(笑)！けど胸元の開きは譲れないんです」coat:ENFÖLD、knit:PRADA、bag:BALENCIAGA、shoes:PHILIPPE MODEL、bangle:HERMÈS、sunglasses:Ray-Ban　**100**「久しぶりに新調したデニスカはMADISONBLUE。大人がはけるデザインはさすがのひと言」jacket:in Korea、tee:JOURNAL STANDARD、skirt:MADISON BLUE、shoes:NIKE　**101**「ともするとエレガントになりがちなワイドパンツは、コンバースのハイカットとヴィトンのボストンでゆるく着こなすくらいが◎」coat:DES PRÉS、knit:agnès b.、pants:MM6 MAISON MARGIELA

WINTER

102「トレンチは数種類を使い分け。SCYE BASICSはレイヤードしてもすっきり着られるところが◎」denim jacket:IÉNA、knit:Drawer、pants:Theory、bag:HERMÈS、shoes:Christian Louboutin　103「下半身をカーキのグラデーションに仕上げて」coat:Theory、knit:agnès b.、pants:Theory × AG、shoes:SUECOMMA BONNIE、socks:HYKE　104「ファーにスエット、大好物♥」coat:WEEKEND Max Mara、tops:Champion、pants:ZARA、shoes:PRADA　105「本気の空軍ジャケット。ビッグサイズは腕まくりでそでにボリュームを出すとバランスアップ」jacket:used、knit:Drawer、skirt:ENFÖLD、bag:HERMÈS、shoes:TOD'S、cap:Ron Herman　106「092、104のコートを着回し。インをボーダー、足元をスニーカーにしてもファーならきれいめ感をしっかりキープ」tee:Deuxième Classe、pants:qualitè、shoes:NIKE

107「カーキ、グレー、ベージュ…のニュアンストーンは、濃いブラウンのバッグで程よく引き締め」jacket:Deuxième Classe、knit:Drawer、pants:Dickies、bag:CHANEL・HERMÈS、shoes:FABIO RUSCONI、hat:LA CERISE SUR LE CHAPEAU **108**「数年前のZARAのデニムは自分でクラッシュ＆カットしてリメイク」coat:Drawer、tops:Champion、shoes:CONVERSE **109**「太もものオフホワイトのロゴにひと目ぼれしたナイキスエット。×チェスターで私らしく辛口に」coat:UNIQLO、knit:DES PRÉS、pants:NIKE **110**「黒レザーと白パーカとのコントラストで、トップスにメリハリを。＋ヒールでさらにスタイルアップ」jacket:in Korea、tops:Luftrobe、pants:Deuxième Classe、bag:MICHAEL KORS、shoes:Christian Louboutin **111**「110のライダースを着回し。太デニムとスニーカーでこの日はボーイッシュに」denim:GOLDEN GOOSE DELUXE BRAND、shoes:CONVERSE

115 a nuance_chapter4_SNAP! EVERYDAY

旅先でも私らしく
〝こなれニュアンス〟で過ごすビーチライフ

HAWAII STYLE

社会人になってからほとんど毎年ハワイで休暇を過ごしています。旅に連れて行く服は、肌ざわりが気持ちいいもの、長時間着ていて疲れないもの、ビーチや南国の街に似合うもの。そう考えながらもあくまで普段の延長で選びます。ハワイでしか着ない特別な服は私には必要ない。ショッピングも一緒。東京でのワードローブからかけ離れたものは買いません。普段の感覚で過ごすのが心地いいんです。

cut&sewn:JAMES PERSE pants:used hat:Genuine Panama Hats sunglasses:Ray-Ban

ハワイでも長そで派。湿気が少ない分、さらりとしたカットソーが気持ちよくて。デニムショーパンとのなんでもない組み合わせにはラウンド型Ray-Banでアクセントをつけて。

blouse:MACPHEE
pants:JAMES PERSE
hat:American Apparel

ホテルのプールではちょっとモードに、ビーチでは思いきりカジュアルに、がマイルール。水着の上にラフに着られるゆるめのカットソーやカフタンが活躍します。そしてなぜか、つば広帽だとかレトロなボーダーだとか、ビーチではほんの少しフレンチな雰囲気を取り入れたくなります。

tank top:Drawer
denim:used Levi's
sandals:OLD NAVY
bag:used
sunglasses:Ray-Ban

20代のころはショッピングに明け暮れていたこともあったけれど、ここ数年はネイチャーを味わいたいと思うようになりました。ノースまでドライブしてビーチで一日のんびりするのがいちばん幸せ。そんなリラックスdayは、迷わず肌になじんだデニムを選択。

6 DAYS SNAP IN HAWAII

（DAY_3）　　　　　　　（DAY_2）　　　　　　　（DAY_1）

（DAY_6）　　　　　　　（DAY_5）　　　　　　　（DAY_4）

1「移動日は締め付け感なくノンストレスに」tops:Kristensen、leggings:UNIQLO、bag:CHANEL、shoes:BIRKENSTOCK、sunglasses:Ray-Ban　**2**「寝転びやすいキャップがビーチで大活躍」one piece:Sheta、shoes:OLD NAVY、cap:J.Crew、bag:Ciaopanic　**3**「カジュアルながら女っぷりが上がるストレッチワンピも定番」one piece:JAMES PERSE、bag:HERMÈS、shoes:BIRKENSTOCK、sunglasses:Ray-Ban　**4**「サンドカラーは小麦肌にこそ似合うので日焼けが定着したころに」shirt:Deuxième Classe、pants:T BY ALEXANDER WANG、bag:ANTEPRIMA、shoes:havaianas　**5**「ディナーは辛口オールインワンが気分」all-in-one:Luftrobe、bag:CHANEL、shoes:PRADA、sunglasses:URBAN RESERCH　**6**「郊外のスーパーへはらくちんデニムでドライブ」cut&sewn:JAMES PERSE、denim:ZARA、bag:journal standard Furniture、shoes:havaianas、hat:Genuine Panama Hats、sunglasses:Ray-Ban

ON TRAVEL FAVORITE ITEMS

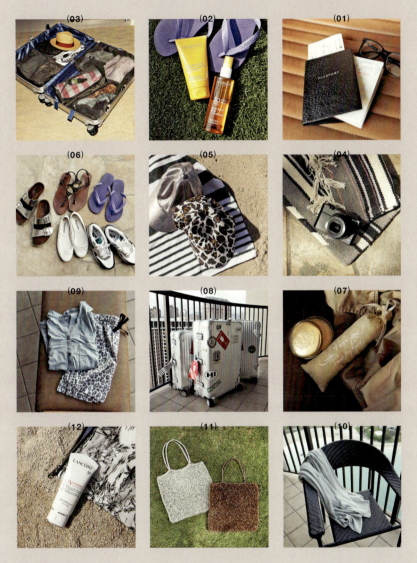

（01）SMYTHSON：シンプルなブラックレザーが好みのパスポートケース。（02）CLARINS：˝スプレー ソレイユ ラディアント プロテクションオイル˝と˝ボーム アプレ ソレイユ インテンス˝のコンビは絶対。（03）MUJI：カーキに惹かれてサイズ違いでそろえたメッシュポーチ。（04）SONY：デジカメもマットブラック。（05）J.Crew：大人っぽいキャップを見つけたら即買い。（06）havaianas、PRADA、BIRKENSTOCK、Repetto、NIKE：ハワイに連れて行くのはペタンコ靴のみ。（07）ラベンダーの缶入りキャンドルとサシェでホテルの部屋も好きな香りに。（08）RIMOWA：でこぼこになった˝味˝が愛おしい。（09）SUNDAY IN BED：ユニセックスな雰囲気がおしゃれなパジャマ。（10）厚すぎず薄すぎず、ふわふわのストールをお供に。（11）ANTEPRIMA：折りたたんでクラッチ使いも。（12）LANCOME：顔のサンスクリーンは厚ぼったくならない˝UVエクスペール XL˝をリピート。

119　a nuance_HAWAII STYLE

日々のおしゃれに欠かせない

Favorite Shops

　私にとって買い物は〝パトロール感覚〟。欲しいものを具体的に決めて行くというよりも、なんとなく街を歩いて、ショップをのぞいて、目にとまるものをチェックしています。無類のミックス好きなこともあり、プチプラからハイブランド、さらにはライフスタイルショップまで…etc.お店のジャンルを問わずアンテナに引っかかるものさえあれば、どこでも買い物スポットに。意外とラフなんです。
　ただし、試着と着回しシミュレーションは念入りにします。どんなに安くても実際にそでを通さず買うことはないし、どんなにかわいくても似合う自分が想像できなければきっぱりあきらめます。そこは堅実(笑)。今回紹介するのは、いろいろのぞく中でも特によく通っている私的超定番。この9つのショップのアイテムが、ワードローブの大半を占めているんじゃないかなと思います。

3
Santa Monica 表参道店

東京都渋谷区神宮前5-8-5
☎03・3498・3260

ヴィンテージに詳しくない初心者にも親切で、価格もセレクトもすべてが感動レベル(笑)。商品の回転が速いので、こまめにチェックしています。渋谷店、原宿店ものぞきます。

2
BLOOM & BRANCH AOYAMA

東京都港区南青山5-10-5
第1九曜ビル101
☎03・6892・2014

ふらりと偶然入って以来、お気に入りリスト入り。セレクトにオリジナル、ヴィンテージまで、毎回おしゃれ心をくすぐられます。私のコーディネートの幅を広げてくれたショップ。

1
TOMORROWLAND Shibuya Flagship Shop

東京都渋谷区渋谷1-23-16
1F/B1F
☎03・5774・1711

ベーシックからトレンドものまで、あらゆるジャンルがそろい、行けば必ず欲しいものが見つかる！ センス抜群、知識豊富なスタッフの方々にも絶大な信頼を置いています。

120

6
Drawer 青山店

東京都港区南青山5-12-4 1F

☎03・5464・0226

ここにしかない絶妙な色味やシルエットを求めて、足繁く通っています。特に定番ニットは形や色を変えて毎年少しずつ買い足し中。大人のおしゃれの楽しみを感じられるショップ。

5
BEAUTY&YOUTH UNITED ARROWS SHIBUYA CAT-STREET WOMEN'S STORE

東京都渋谷区神宮前5-17-9 1F

☎03・5468・3916

服はもちろん小物からインテリアまで見応えがあって、つい長居しちゃいます。オリジナルはちょうどいいトレンド感で、手ごろなお値段設定もうれしくてよくお世話になっています。

4
JOURNAL STANDARD 渋谷店

東京都渋谷区神南1-5-6

☎03・5457・0719

カーキやベージュといったニュアンスカラーの色出しが上手くて、こなれた服や小物が欲しいときに。いざ探すとなかなかないヴィンテージ調のベルトが見つかるところがさすがなんです。

9
西武渋谷店

東京都渋谷区宇田川町21-1

☎03・3462・0111

GALERIE VIE、TOMORROWLAND、agnès b.…と私的定番がひと通りそろっているので出没率高め（笑）。Christian Louboutinの定番デザインの品揃えが豊富なので靴売り場も必ず見ます。

8
伊勢丹新宿店

東京都新宿区新宿3-14-1

☎03・3352・1111

必ずのぞくのは、靴売り場とHERMÈS。特に靴売り場のセレクトはさすがの豊富さ。化粧品や香りもの、Pierre Mantouxなどのホーザリー、HANROの下着などもまとめてチェック。

7
SUPER A MARKET

東京都港区南青山3-18-9 1F/2F

☎03・3423・8428

感度の高いセレクトで、その時々の最旬ブランド、最旬アイテムがどこよりも早く見られるのがここ。エッジの効いた攻めアイテムを欲するときに、よくパトロールしています。

続けるほど好きになる〝スタイリスト〟という職業
Talk about My Life

　〝人生を振り返る〟なんて、大げさで恥ずかしいですが…。今まで後ろを振り返ることはほとんどなかったので、この本がいいきっかけかもしれません。自分のことについて少しお話しさせてください。
　生まれたのは、1979年7月7日。静岡県浜松市。すごく堅い両親の元で育てられました。母はきちんとあつらえた服を毎日着ていて、子供ながらにそのキレイな姿がうれしかったことをうっすら覚えています。自分のおしゃれの最初の記憶は、小学校に上がる前のこと。近所を黒いセーラー服姿のお姉さんが歩いているのを見て、「あれが着たい！」と言ったらしいんです。その制服は少し離れた附属小学校のもので受験しなければ入れないところだったので、母は焦って受験の準備をしてくれたそう。黒いセーラー服に黒いランドセル。子供ながらにその凛とした姿に惹かれたのかもしれません。
　それ以降おしゃれの記憶はそんなになく、普段は制服だったので、そこまで洋服に執着していなかった気が。本当に人並みだったと思います。それより友達と遊んだり部活をしたり…と、そういうことのほうがずっとずっと楽しくて大事でしたね。
　高校生になったころは、女子高生ブームまっ只中。イージースミスのルーズソックスやハイソ（＝指定ハイソックス）、ラルフのニットやバーバリーのマフラーはもちろんひととおり経験。制服をおしゃれにかわいく着こなすことが当時は偉かったので、そこに命をかけていました。でも反対に私服は何を着ていたかあまり記憶がないんです…。とにかく制服がおしゃれのすべてでした。
　大きな転機となったのは、大学3年生のとき。上京して、勉強そっちのけで、飲んで、イベントに行って（当時は空前のイベントサークルブーム）、本当に毎日楽しく遊んで…。その東京の遊びもひととおりやって飽きたころ、知り合いに紹介してもらってCanCamの読者モデルとして撮影に参加することに。そこで当時のスタッフに声をかけていただき、編集部に出入りするようになりました。最初はファ

122

ッションライター見習いだったのですが、スタイリストのほうが向いていると言われて。…気づいたらスタイリストになっていました。

CanCam時代は、通称〝もえカジ〟のカジュアル担当。デニムを女らしく着こなすためにVネックカーディガンのインにベアトップを合わせたり、コンサバ系に御法度だったハーフパンツや迷彩柄を取り入れたり…。女らしさにこだわるところと〝ぶっこみ〟好きなところは、当時から変わっていませんね(笑)。仕事はハードでしたが、同世代のスタッフも多く、とにかく楽しかった思い出が残っています。

5年ほどCanCamにお世話になった後、26歳で挑戦したのがOggi。それまでいた場所と比べるとすごく大人の世界でまわりはキャリアを積んだ先輩ばかり。1ページ大の写真が多くて、その一枚の絵づくりにかけるプロ意識の高さに圧倒されました。楽しかったCanCamの現場と比べると、正直楽しさはほぼゼロ…(笑)。緊張やプレッシャーの連続でしんどかったけれど、服の細部にまでこだわって突き詰めていくという、それまでとは違った仕事の面白さに徐々に目覚めていきました。Oggiで紹介する服は基本的にベーシックなもの。それを着せ方や合わせ方でいかにおしゃれに見せるかがスタイリストの役目。感覚と経験から導き出した自分なりの理論を総動員してその〝見せ方〟を突き詰めることは、今や体に染み付いていて、雑誌以外のお仕事でも私服のコーディネートを考えるときでも、これがすべての土台。まさにOggiで培った財産だと思います。

Oggiに関わらせていただいて早10年。雑誌の顔でもある表紙を担当させていただけるようになり、念願の連載もスタート。プライベートでも結婚、出産…とたくさんのことを経験しました。そして今回こうして自分のスタイルブックを出版させていただくのは、本当に感慨深いです。昔「自分の本が出せたらひとつの区切りかな…」なんて想像していましたが、実際その日を迎えてみると真逆！ 今回の本づくりを通して、やりたいことや伝えたいことが増えました。新たな目標も見つかったし、まだまだ当分、スタイリストという職業に飽きそうもありません。

EPILOGUE:

さ い ご に…

自宅にある私物を小学館のコーディネートルームに
移す作業から始めた単行本づくり。
自分でも実はびっくりする量でした(笑)。
少しオーバーですが、
私の14年間のスタイリスト人生がそこにあった気がして…。
スタイリストとはいえ、今となっては妻であり母であり、
日々の生活に追われ自分のことは後回し、なんてことはしょっちゅう。
こんなにも自分と向き合い、自分のスタイリングについて考えながら
コーディネートしたのは本当に久しぶりで、
とても充実した楽しい時間でした。
私が感覚でつくったコーディネートを愛情をもって紐解き
ページにしてくれる編集者、私のこだわりやテイストをくみ取り
絵にしてくれるカメラマン、リップやネイル、ヘアスタイルの
イメージを想像以上に仕上げてくれるヘアメーク、
うるさい注文に向き合って表現してくれるモデル、
かっこいい誌面に仕上げてくれるデザイナー、
それぞれのプロを支えるアシスタントたちやドライバー。
信頼するたくさんのプロフェッショナルのエネルギーが集まって、
1カット1カットがつくられ、遂には単行本が出来上がりました。
この場を借りて、心から感謝します。
環境や年齢、体型や立場が変わりながらも、
その都度自分らしくおしゃれを楽しめたら…
そんな気持ちを大切にしながら、私なりのこだわりと想いを込めました。
読んでくださった皆さんのおしゃれの妄想が広がり、
明日からのコーディネートの時間が、
少しでも楽しいものになりますように…♥

スタイリスト 金子 綾

AYA KANEKO

1979年生まれ。『Oggi』をはじめ数々の女性誌で活躍するスタイリスト。シンプルでベーシックな服の魅力を最大限に引き出してつくる、女らしくてキレ味のいいスタイルが得意。また、上品でこなれた配色センスも絶妙で支持を集める。プライベートファッションをアップするインスタグラムはフォロワー40k超。職人気質で姉御肌な人柄。
instagram @ayaaa0707

a nuance STAFF

art direction : Masashi Fujimura
designe : Keiko Takahashi（Masashi Fujimura designe office.）
Photographer : Masaki Sone
（Cover , PROLOGUE , Chapter1 , Chapter3 ,
P.116-117・125／PEACE MONKEY）
Aya Sato（Chapter2 still , P78・80・86-87 still）
Yoshitsuna Sato（P.88-89・118-119／PEACE MONKEY）
make-up : Akemi Kibe（PEACE MONKEY）
Kyohei Sasamoto（P.40・51・53）
model : ALEXA（Chapter1）
editor : Yukako Sugiura , Aki Kimura（Oggi）, Miho Moriya（Oggi）
SPECIAL THANKS : Mutsumi Kato , Fukashi Suzuki ,
Ayuko Yasui , Mami Kato ,
Kosuke Nakashima（PEACE MONKEY）,
Norikazu Hashimoto（f-me）, Noriyoshi Shiga（air-AOYAMA）,
Yoko Sakano（f-me）, Hitomi Kawasaki（PEACE MONKEY）,
Reina Sasaki , Mai Otsuki , f-me
◆Chapter1 P.16-55はOggiでの連載を再録。

a nuance
スタイリスト 金子 綾 〝こなれニュアンス〟のつくり方
2015年11月23日 初版第1刷発行

著者	金子 綾
発行人	藤田基予
発行所	株式会社小学館
	〒101-8001　東京都千代田区一ツ橋2-3-1
	☎03・3230・5692（編集）
	☎03・5281・3555（販売）
印刷所	大日本印刷株式会社
製本所	株式会社若林製本工場
制作	直居裕子・望月公栄・斉藤陽子
販売	中山智子
宣伝	山田卓司
校正	麦秋アートセンター

©Aya Kaneko 2015 Printed in Japan
ISBN 978-4-09-342614-5

造本には十分注意しておりますが、印刷、製本など製造上の不備がございましたら、
「制作局コールセンター」（フリーダイヤル0120・336・340）にご連絡ください。
（電話受付は、土・日・祝休日を除く9：30〜17：30）

本書の無断での複写（コピー）、上演、放送等の二次利用、翻案等は、
著作権法上の例外を除き、禁じられています。

本書の電子データ化等の無断複製は著作権法上の例外を除き禁じられています。
代行業者等の第三者による本書の電子的複製も認められておりません。